Jacques Bertinier

Contes et Secrets des Feuilles et des Herbes

Illustrations
de Lucile Thibaudier

Fetjaine

SOMMAIRE

© Éditions Fetjaine, 2008
Une marque de La Martinière Groupe
www.lamartinieregroupe.com
ISBN : 978-2-35425-072-0

Retrouvez nos publications sur www.fetjaine.com
Imprimé en Italie

Ce livre va te faire découvrir des feuilles et des herbes.

Tu les connais déjà pour la plupart, puisqu'elles sont utilisées depuis des
siècles en cuisine, en médecine ou en décoration.

Elles sont presque tous les jours présentes dans ton assiette, poussent facilement dans ton jardin,
sur ton balcon, sur le rebord d'une fenêtre et sont précieusement conservées dans ta cuisine.

Des plantes ordinaires, quoi !

Mais sais-tu que ces feuilles et ces herbes cachent bien leur jeu ?
Que, sous leur aspect banal, elles recèlent des trésors ?
Qu'elles sont des gardiennes de secrets ? Qu'elles détiennent des pouvoirs qu'aucun humain ne possédera jamais ?

Aurais-tu imaginé que des garçons ou des filles comme toi pourraient, par exemple,
devenir invisibles grâce aux feuilles ? Et que des herbes de cuisine pourraient te faire rencontrer
des personnages disparus ou qu'on n'entrevoit que dans les rêves ?

Bref, ces plantes sont magiques !

Dans les pages qui suivent, tu découvriras tout ce que des enfants de ton âge ont vécu grâce à ELLES !

Trois personnages te serviront de guides tout au long de ta lecture et te révéleront leurs secrets :

Tout d'abord Gros Ogre : alors déjà un ogre c'est gros, mais celui-ci, pour qu'on l'appelle Gros Ogre,
tu imagines comment il doit être ! C'est un peu comme si on l'appelait Gros Gros !
Il faut dire qu'il est sacrément gourmand !
Ses recettes et ses trucs sont très appréciés dans le monde magique.

Ensuite la Fée aux Doigts précieux, si habile qu'on lui doit l'expression
« des doigts de fée » pour parler d'une couturière talentueuse.

Et enfin Sorcier rieur. Un sorcier qui rigole tout le temps, se penche en avant et hop ! fait un bond en arrière et retombe
sur ses pieds en riant de plus belle ! C'est un peu agaçant à la longue, mais il possède tant de science et il est si joyeux
qu'on lui pardonne facilement. Et puis pour une fois qu'on rencontre un gentil sorcier !

Bienvenue à toi et bonne lecture des

Contes et Secrets des Feuilles et des Herbes

L'Angélique

Voyage en angélique

C'était un lutin haut comme une pomme. Il venait souvent nous voir, les bras chargés de cadeaux provenant de pays lointains, et pourtant on le rencontrait presque tous les jours, dans la forêt ou dans les champs.

Comment pouvait-il voyager au loin et revenir en un temps aussi court ? Quel était son secret ? Intrigué et curieux, je l'ai suivi mais l'ai soudain perdu au détour d'une grande plante. Je l'ai cherché en vain. Il avait disparu ! Le lendemain, j'ai recommencé, mais de nouveau il s'était volatilisé ! Enfin, le troisième jour le lutin s'est

*Elle est appelée « l'herbe aux anges » ou « médicament merveilleux »
car elle possède des vertus magiques. On l'utilise tout entière en herboristerie et en confiserie.
L'angélique peut atteindre 2 mètres de haut, ses feuilles sont des ailes dentées et tu pourras voir
ses fleurs d'un jaune un peu vert l'été vers juillet et août.*

arrêté au pied de ce même grand végétal, j'ai appris plus tard qu'il s'agissait d'une angélique, immense,

aux larges feuilles déployées. S'apercevant de ma présence, il m'a invité à le rejoindre et à grimper le long

de la tige. « Je pouvais toujours le chercher en bas ! » maugréais-je.

Après une escalade de quelques minutes, nous nous sommes confortablement installés sur une feuille.

- L'angélique veut voler, m'expliqua-t-il. Mais comme ses racines l'ancrent solidement au sol,

les jours de grand vent, ses ailes se déploient et c'est le monde entier qui défile autour d'elle,

au rythme de ses battements. C'est ainsi que je parcours la planète. Lorsqu'un pays me plaît,

je descends de ma feuille et je reviens une fois ma visite terminée !

Ce jour-là, c'est moi qui suis rentré à la maison avec des cadeaux plein les poches :

des souvenirs de mon premier voyage en Chine !

Bâtonnets d'angélique confite

La recette de Gros Ogre, il faut quatre jours pour la réaliser, mais la récompense est au bout !
Lave et coupe 350 g d'angélique en bâtonnets de 10 cm, et verse-les dans un chaudron de cuivre plein d'eau
que tes parents feront bouillir 3 min. Retire-les à l'aide d'une écumoire, plonge-les dans l'eau fraîche, égoutte-les et dépose-les
dans une terrine. Ensuite, il faut faire bouillir 1 l d'eau avec 400 g de sucre. Lorsqu'une cuillère en bois plongée dans
le liquide ressort nappée de sirop, le liquide sera versé dans la terrine afin de recouvrir entièrement l'angélique. Une fois le sirop
refroidi, garde le récipient couvert une journée au froid. Le lendemain, toujours avec l'aide de tes parents, fais bouillir à nouveau le
contenu de la terrine dans une casserole. Fais cuire à feu doux 5 min, laisse refroidir. Couvre et garde au froid. Recommence la même
chose le lendemain et le surlendemain. La magie a opéré : l'angélique est d'un vert magnifique ! À ce moment, prends chaque
bâtonnet, roule-les dans une assiette avec du sucre glace et pose-les sur du papier sulfurisé. Après une journée de séchage à l'air libre,
tu les stockeras en couches séparées par le papier sulfurisé dans une boîte en fer. Tu pourras enfin les déguster soit comme ça, soit dans
un cake ou encore avec de la confiture de fraises ou de framboises !

Le Basilic

La plante calmante

Arnaud était un garçon gentil, intelligent, turbulent, paresseux… Et très rusé. Assez rusé pour connaître le pouvoir secret du basilic : calmer les gens en colère. Aussi, chaque fois qu'il devait présenter à ses parents un carnet de notes aux allures de catastrophe, il s'arrangeait pour que le repas du soir soit agrémenté de basilic. Et ça marchait ! D'autant qu'il avait pris toutes les précautions. En saison, un bac à plantes sur le rebord de la fenêtre de sa chambre en produisait en permanence. Il avait même appris à conserver des feuilles de basilic au frigo dans de l'huile et au congélateur dans des bacs à glaçons. Ça marchait à tous les coups : il prenait un air de petit ange pour demander à sa mère :

- Ma petite maman, ce soir est-ce que tu peux nous faire des pâtes au basilic ou une salade, s'il te plaît ? Je t'aiderai.

Sa mère acceptait, bien sûr, et le soir, au dessert, il présentait en toute tranquillité son mauvais carnet, sachant que ses parents se contenteraient de le sermonner sans s'énerver plus que ça. Hélas ! Arnaud se mit à faire de plus en plus de bêtises et

Le basilic, c'est l'« herbe royale » tant son utilisation est variée. Elle est, entre autres, à l'origine du pistou provençal. Ses feuilles sont en forme de pointe et passent du vert pâle au vert foncé et même au violet selon les variétés. La plante mesure de 20 à 60 cm.

appliqua un peu trop souvent sa méthode magique. Et ce qu'il redoutait le plus se produisit, justement un soir de carnet de notes ! Il tenta de charmer sa mère comme à l'accoutumée, mais celle-ci lui répondit :

- Écoute, mon chéri. Le basilic, c'est délicieux, d'accord, mais on ne va tout de même pas en manger tous les jours ! Ce soir, je prépare un plat avec du persil !

« Ouh là là ! pensa Arnaud ! Les ennuis commencent ! »

Le pesto de Gros Ogre

• Hache finement une gousse d'ail, rince 15 à 20 feuilles de basilic puis sèche-les.
• Fais griller 2 cuillerées à soupe de pignons de pin dans une poêle antiadhésive sans gras, râpe du parmesan pour en obtenir 1 cuillerée à soupe, verse le tout dans un mortier et écrase bien à l'aide du pilon en ajoutant en filet 2 cuillerées à soupe d'huile d'olive.
• Sale, poivre, goûte et ajuste selon ton goût. Ton pesto est prêt et c'est ta recette à toi ! Délicieux avec des pâtes !
Un conseil : déchiquette les feuilles avec tes doigts plutôt que de les hacher. Ainsi, elles ne noirciront pas.

Un truc en plus : tu crois qu'on utilise le basilic seulement avec des plats salés ? Cisèle 3 ou 4 feuilles sur 300 g de fraises mélangées avec 1 cuillerée à soupe de sucre et 1 de jus de citron, tu m'en diras des nouvelles ! Et avec du melon ! Et avec des pêches blanches !

7

La Bruyère

La cache de la Dame d'amour

Cinq amis vivaient au bord de l'océan et passaient leurs vacances à courir dans la lande. Ce jour-là, ils franchirent des terres d'un rose-violet plus intense que d'ordinaire. Une légende affirmait qu'une princesse se cachait dans la bruyère, fuyant un sortilège. En échange de son hospitalité, elle devait simplement de temps à autre manifester sa présence à un jeune homme de passage, en signe d'heureux présage d'amour. Les cinq compères se séparèrent et chacun prit un sentier différent, certain d'être le prochain élu.

Quelques heures plus tard, ils se retrouvèrent.

- Moi, j'ai senti son parfum léger, fit le premier. Mais peut-être était-ce le parfum de la bruyère dans la lande.

- Moi, je l'ai entendue, dit le deuxième. Mais peut-être était-ce le murmure du vent dans la bruyère.

- Moi, je l'ai touchée, affirma le troisième. Mais peut-être n'étaient-ce que quelques brins de bruyère emportés par le vent !

- Moi, je l'ai vue, dit le quatrième.

On appelle la bruyère le « bouquet du fantôme » car cette petite plante qui recouvre les collines par gerbes cache, dit-on, des âmes en peine qui viennent se réfugier dans la lande. La bruyère est un arbrisseau de 20 cm de haut ou plus qui fleurit toute l'année. Ses fleurs sont comme des grappes roses, blanches, pourpres ou mauves selon les espèces.

Mais peut-être était-ce l'ombre d'un nuage sur la bruyère.

- Et toi ? demandèrent-ils tous au cinquième

- Tu l'as vue ? Tu l'as entendue ? Tu l'as touchée ? Tu as senti son parfum ?

Devant son silence, les quatre autres rirent de lui et le garçon rentra seul, porteur d'un délicieux secret. Jamais ses copains ne l'auraient cru s'il avait raconté son aventure.

Fatigué, il s'était couché dans la bruyère et s'était assoupi.

La sensation d'une présence l'avait réveillé. Il pensait avoir rêvé, mais ses lèvres portaient encore la saveur sucrée de pêche et d'abricot que le doux baiser de la princesse avait laissé. Ce garçon, c'était moi, ton papa. Et plus tard, le premier baiser que ta maman m'a donné m'a rappelé cette légende de la bruyère.

J'ai su alors que je serais amoureux d'elle pour toujours.

La Fée aux Doigts précieux

Une jolie couronne de bruyère accrochée à la porte d'entrée du logis est un signe de bienvenue, mais éloigne aussi les mauvais esprits. Déforme un cintre en fil de fer de manière à lui donner une forme ronde puis coupe des tiges de bois souple, comme de l'osier, que tu enchevêtreras autour du cercle en les fixant à chaque extrémité avec du fil de fer fin. Prépare des petits bouquets de bruyère liés à l'aide de fil et plante-les une fois dans un sens, une fois dans l'autre dans l'enchevêtrement de bois.

• Un large ruban de satin de couleur, enroulé autour de la couronne et terminé par un joli nœud apporte la touche finale. Le crochet du cintre est idéal pour suspendre la couronne à ta porte.

La Ciboulette

Les cordes magiques

C'est un bel après-midi d'été. Étienne joue du violon. Il a ouvert la fenêtre de sa chambre et répète inlassablement le morceau qu'il interprétera ce soir devant ses parents, ses frères et sœurs, ses professeurs et tous les élèves de l'école de musique.

Il a le trac. Cela fait des mois qu'il étudie cet air si difficile de Paganini, le plus prodigieux violoniste de tous les temps. Étienne est un élève très doué et, lorsque la nuit tombera, il donnera à coup sûr la preuve de son talent.

Dehors, criquets et cigales s'en donnent à cœur joie, comme s'ils voulaient, à leur manière, participer au concert. D'ailleurs, Étienne a entendu une curieuse histoire. Il paraîtrait que, certaines nuits, les fées pincent les tiges de ciboulette à la façon des cordes d'une harpe, pour donner un concert ou parfois, jouer avec un musicien talentueux. Peut-être les as-tu déjà entendues, aux beaux jours ?

La ciboulette, c'est l'« herbe aux pompons », car ses fleurs roses, aussi délicieuses que les tiges, ont la forme de jolies petites boules. On la trouve dans la nature en touffe et ses tiges sont des petits tubes verts au bon goût d'oignon, mais plus raffiné !

Le soir est arrivé. Le public nombreux est assis dans un théâtre de plein air. Étienne arrive sur scène. Les lumières s'éteignent. Seul un projecteur suit le violoniste. Dans un silence absolu (même les cigales et criquets se sont tus), Étienne commence à jouer. Jamais son violon n'a rendu un son aussi pur. C'est comme si l'instrument était devenu magique. Son interprétation est parfaite et, le morceau achevé, c'est sous un tonnerre d'applaudissements qu'il rejoint les coulisses. Étienne lève alors la tête et voit trois petites lumières s'éloigner dans le ciel étoilé, trois fées. Il regarde son violon. Les cordes sont vertes. Ce sont des brins de ciboulette. Durant toute sa vie de grand violoniste, Étienne sera le seul à les voir…

Le beurre de ciboulette de Gros Ogre
· Une heure avant de commencer ta recette, sors 100 g de beurre du froid pour qu'il ramollisse.
· Rince et sèche la ciboulette. Coupe les tiges en brins de moins de 1 cm dans un bol pour en obtenir 4 cuillerées à café.
· Ajoute le beurre coupé en petits dés et mélange à l'aide d'une fourchette.
· Ajoute 1 cuillerée à café de jus de citron. Sale, poivre, mélange, recouvre le bol et place-le au froid.
Ce beurre de ciboulette accompagnera merveilleusement les omelettes, les poissons grillés, les viandes froides et peut servir de beurre pour les escargots.

L'Estragon

Le philtre d'amour

Un livre ancien sur les herbes magiques, dont chaque page laisse s'échapper le parfum de la plante dessinée, raconte que l'estragon sert à la confection des philtres d'amour. Il suffisait d'en faire boire à la personne aimée, de croiser son regard et elle tombait instantanément amoureuse. Un jour, une jeune fée espiègle et désobéissante s'introduisit chez une sorcière, lui chipa la formule de la potion à l'estragon et prépara le breuvage. À cet instant, la sorcière revint et, par crainte d'être punie, la fée cacha la potion dans un pot de moutarde, d'où se dégagea bientôt une agréable odeur.

- Que fais-tu ? dit la sorcière.

Les Anciens appelaient l'estragon l'« herbe des dragons »,
car on le disait efficace contre la morsure des serpents et les attaques de dragons.
Les chevaliers en portaient toujours un brin sur eux et plus rien ne leur faisait peur.
La plante peut atteindre 1 mètre et ses feuilles sont vert grisâtre.

- Vous le voyez bien : je prépare de la moutarde !
Et pour appuyer ses dires, elle en goûta. Hélas pour elle, le premier être vivant qu'elle rencontra en sortant de chez la sorcière fut un crapaud ! Un brave crapaud, pas très joli, pas très beau, qui sautait lentement d'un bond pataud sur le chemin. Qu'importe ! La fée espiègle en tomba amoureuse… Les autres fées, intriguées par ce comportement étrange, se mirent en devoir de la désensorceler tout en lui promettant une belle punition, car on n'a jamais vu une fée tomber amoureuse d'un crapaud ! Pas très fière, notre fée rentrait chez elle, lorsqu'elle entendit les « croa croa » du crapaud, qui, à la réflexion, la trouvait très jolie et voulait bien l'épouser. Elle fut ainsi obligée de supporter jour et nuit, pendant des semaines, les « croa croa » de son amoureux et les rires moqueurs des autres fées ! Heureusement, la nature est bien faite : la route de notre gros balourd finit par croiser celle d'une Mme Crapaud, qui lui plut beaucoup. L'histoire ne dit pas s'ils avaient goûté au philtre d'amour à l'estragon.

La recette de la moutarde magique de Gros Ogre
Évidemment, la formule de l'élixir à l'estragon est secrète mais voici la recette de la moutarde à l'estragon de la fée désobéissante :
• Rince 10 feuilles d'estragon, sèche-les sur du papier absorbant, cisèle-les finement puis mélange-les dans une tasse avec 4 cuillerées à soupe de moutarde douce (il existe aussi de la forte mais elle est vraiment forte, brrr !) et 1 cuillerée à soupe de crème fraîche épaisse. La moutarde à l'estragon est délicieuse avec de la viande froide ou du poisson froid. Tout ton entourage se régalera grâce à toi !

La Fougère

*Les clés
du monde invisible*

La fougère est la plante des lutins, qui offrent une bourse remplie de pièces d'or à quiconque se trouvera auprès d'elle à minuit précis et dans un silence absolu. La fougère pousse dans les bois et forêts. Une feuille qui se forme est enroulée comme une coquille d'escargot avant de se déployer en une large et belle feuille verte dentelée !

Thomas est en classe. Il rêve. Combien de « r » prend fougère ? Un ? Deux ? À tout hasard il écrit « fougèrre » avec deux « r » et termine la jambe du deuxième « r » en spirale, un peu comme quand la feuille naît. Tiens, c'est curieux se dit Thomas, il y a un pâté au bout. Il gratte le papier, mais le pâté est toujours là. Il gratte encore et du vert apparaît et sort : c'est une crosse de fougère qui envahit la page puis le cahier. Bientôt, la plante pousse sur le bureau. Une des feuilles lui prend le poignet, une autre l'enroule puis le recouvre tout entier et Thomas… disparaît !

Il est devenu invisible ! Un peu effrayé au début, le garçon trouve vite la chose amusante. Il se lève, se promène, fait des grimaces, personne ne le remarque. Alors il s'enhardit et paf ! met une claque à Julien, la brute qui profite de sa force pour terroriser tout le monde. Puis d'une voix d'outre-tombe, il murmure à l'oreille toute rouge de l'élève :

- Un bon conseil, Julien, arrête d'embêter tes copains, sinon… !

(En fait il lui a dit ça avec des gros mots qu'on ne peut pas écrire ici, mais que tu connais, j'en suis sûr !)

Soudain Thomas voit sa main en transparence. Il a juste le temps de regagner sa place avant de redevenir visible.

Et c'est Julie sa voisine de classe qui lui donne involontairement l'explication :

- Mais où étais-tu passé ? J'ai gommé le deuxième « r » sur ta copie pendant que tu n'étais pas là.

« Fougère » s'écrit avec un seul « r » !

En effaçant la faute, elle avait rompu le charme…

« Ça ne fait rien ! se dit Thomas. Si l'autre brute rapplique, maintenant je sais ce qu'il faut faire ! »

Une manière magique de laver son linge par la Fée aux Doigts précieux
Autrefois, on utilisait la fougère comme lessive, on faisait brûler dans la cheminée un tas de feuilles de fougère sèche, la cendre récupérée était enfermée dans un linge, puis on jetait ce paquet dans un chaudron d'eau bouillante ; quelques minutes d'ébullition et une heure d'infusion plus tard, le linge sale était mis à tremper quelques heures et rincé à l'eau chaude. La cendre de fougère contient une substance mystérieuse, la potasse, qui a pour vertu de dissoudre les graisses ! Et si tu portes ces vêtements ainsi nettoyés, ils peuvent, en certaines circonstances, les nuits de pleine lune par exemple, te rendre invisible !

Le Genêt

Le gardien des secrets ou le bruit qui fait silence

Ma grand-mère m'a prise un jour sur ses genoux pour me raconter cette histoire :

- Bien peu de gens le savent car on le voit toujours planté comme n'importe quel arbuste, mais le genêt se déplace de terre en terre, et toujours en bande. Tu en vois un, il y en a cent. Et si tu en repères un isolé, c'est une sentinelle qui guette. J'en ai vu une fois qui se cachaient derrière un gros tilleul ! Certains disent que de méchants nains les aident, mais moi je crois qu'ils se déplacent tout seuls ! En hiver, tu n'en vois aucun, au printemps, ils arrivent avec leur vert brillant et, lorsque vient l'été, leurs fleurs jaune vif éclosent par milliers, comme s'ils étaient là depuis toujours ! Les genêts servent à tout cacher : les malheurs, les bonheurs, les secrets ! Une famille ruinée abandonne sa maison ? Ils envahissent chaque pièce pour cacher la misère et faire croire à ceux de l'extérieur que le malheur n'existe pas ! Mais ils cachent aussi les joies, car ils sont jaloux !

On l'appelle aussi le « genêt à balais » car on en fait des balais de sorcières ! C'est un arbuste aux multiples rameaux verts, très durs, qui mesure de 1 à 3 mètres de haut. Au printemps, ses fleurs l'habillent de jaune et, à la fin de l'été, ses gousses qui contiennent les graines éclatent au sol en faisant un bruit sec !

Quant aux secrets… Jette du genêt dans une cheminée : s'il fait du bruit en brûlant, c'est qu'une personne dans la pièce s'apprête à révéler un secret. Le bruit sert à couvrir sa voix, empêche d'entendre ce qu'elle va dire ! Moi, chaque fois que je fais brûler du genêt, il y a un vacarme épouvantable. Je pense que c'est parce ce que j'ai beaucoup de secrets ou que je connais beaucoup de gens qui parlent trop ! Ne répète pas ce que je viens de te dire. Personne ne te croirait. C'est juste une histoire entre toi et moi. Ce sera notre secret !

Fabrique un balai magique avec la Fée aux Doigts précieux
• Scie une branche de genêt la plus droite possible, de la longueur d'un balai ordinaire.
• Coupe de grands rameaux verts et fixe-les autour d'une extrémité du manche avec de la ficelle de paille. Ton balai est prêt !
• Prononce la formule magique : « Bâton blanc, bâton noir, mène-moi là où tu dois ! »
• Et si tu ne t'envoles pas avec (il faut l'onguent magique dont doit être enduit le balai, mais la formule est secrète),
il te sera tout de même utile pour balayer les feuilles !

Le Laurier

La plante des héros

Charlotte aimait la forêt et s'y retrouvait le plus souvent possible aux beaux jours. Elle aimait surtout venir étudier ses leçons dans son endroit secret : un énorme rocher en forme de fauteuil, sur lequel des feuilles et brindilles accumulées formaient un coussin confortable.

Par un bel après-midi, des chuchotements lui firent lever la tête : « C'est Charlotte ! Elle est assise dans le rocher-fauteuil ! » Quatre petits êtres vêtus de vert et coiffés d'un bonnet rouge l'observaient…

- Bonjour ! dit l'un d'eux. Nous sommes les nains savants de la forêt ! Nous t'observons depuis longtemps et voulons te récompenser pour ton travail !

La baie de laurier se disait « bacca laurea » chez les romains. Le temps a rapproché ces deux mots, le « baccalauréat », le fameux bac que tu passeras dans quelques années !
Dans l'Antiquité, le laurier était un symbole de victoire, et ceux qui réussissaient en recevaient une couronne. C'est un arbuste vert foncé, brillant, aux feuilles ovales.

Reste bien assise, tu pars tout de suite !

Charlotte voulut parler, mais déjà la terre se mit à trembler.

Le rocher-fauteuil s'arracha lourdement, dans un craquement terrible, s'éleva au-dessus des arbres et rejoignit dans le ciel un cercle formé de six autres rochers-fauteuils avec des garçons et des filles aux yeux aussi écarquillés de surprise que notre héroïne. Puis le cercle descendit en tournant et se posa dans une clairière où sept grandes dames très belles les attendaient.

Chacune portait une robe de nuages, de fleurs, de feuilles et d'eau.

Elles avancèrent et posèrent une couronne de laurier sur la tête de chaque enfant.

Plusieurs années plus tard, Charlotte reçut le diplôme qui la proclamait grande spécialiste de la nature. Repensant à cette curieuse aventure, elle retourna dans sa forêt, près du rocher. Assise à sa place, une petite fille étudiait ses leçons.

Elle portait un bonnet rouge. Peut-être un peu trop petit pour sa tête.

Un truc de la Fée aux Doigts précieux
Lorsque ta maman fait cuire un chou, dis-lui d'ajouter une feuille de laurier dans l'eau de cuisson ; l'odeur de chou, pas très agréable, disparaîtra comme par enchantement !
Gros Ogre, lui, prend deux feuilles de laurier et les glisse dans la boîte où est stocké le riz, qu'il parfume ainsi agréablement. N'utilise jamais les feuilles de laurier frais, car il est toxique.

La Menthe

Le parfum des rêves

Ce soir-là, muni de sa lampe de poche, Florent se coucha tôt, mit la tête sous les couvertures et rampa au bout du lit, là où les draps sont repliés sous le matelas. Il les écarta un peu et se laissa glisser dans le vide, bien décidé à découvrir ce qu'il y avait après. Serré dans le tissu, il descendit lentement, pour atterrir dans un jardin vert et bleu jonché de bonbons de même couleur. Comme ça sentait bon la menthe ! L'enfant allait en prendre un lorsqu'une petite vieille, assise au bord d'une fontaine, lui fit signe d'approcher. Sur ses genoux était posé un gros album, dont les pages tournaient toutes seules, montrant des photos de son père, sa mère, sa famille et ses amis.

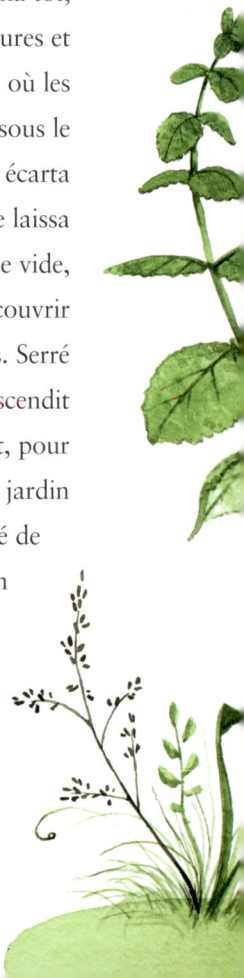

On l'appelle l' « herbe de richesse » : le propriétaire d'un jardin où la menthe pousse en abondance deviendra riche ! On trouve facilement la menthe verte aux feuilles longues et nervurées, ou la menthe poivrée aux feuilles larges, utilisée dans le thé à la menthe. Il en existe de multiples espèces et de toutes les tailles : certaines peuvent atteindre 70 cm de haut !

Tous pleuraient. À la fin, le titre d'un journal s'étalait :

« Un enfant qui traversait la rue sans regarder a été renversé par un camion. »

Puis la vieille désigna une porte dans un arbre, par laquelle Florent s'enfuit en courant.

Et le garçon se retrouva dans sa chambre ! Florent raconta son aventure à sa mère qui lui dit

d'aller chercher le pain et qu'il ferait mieux de se dépêcher, au lieu d'inventer des histoires à dormir debout !

Lorsqu'il fut dans la rue, il s'immobilisa au bord du trottoir et regarda à gauche puis à droite.

Heureusement, car un énorme camion arrivait à toute vitesse. Il n'aurait pas pu l'éviter s'il avait traversé

à ce moment-là. La vieille dame du jardin l'attendait de l'autre côté, un panier à la main.

- Je peux vous aider ? demanda le gamin, et sans attendre la réponse,

il la prit par le bras et l'aida à traverser la rue.

Arrivée devant sa maison, la vieille dame glissa quelque chose dans la main de Florent,

avec un petit sourire malicieux.

- N'oublie pas ton rêve, murmura-t-elle.

C'était deux bonbons à la menthe, un vert et un bleu…

Quatre conseils de la Fée aux Doigts précieux
• Si tu n'as pas d'extrait de menthe, place quelques feuilles de la plante
près de ton oreiller. Ta nuit sera paisible et tes rêves agréables.
• Lorsqu'on offre des fleurs à ta maman, cueille deux ou trois brins de menthe
et ajoute-les à l'eau du vase ; elles dureront plus longtemps.
• Place une poignée de feuilles dans la niche de ton chien,
les puces ont horreur du parfum de la menthe et s'enfuiront sans demander leur reste !
• Ramasse une poignée de menthe et frottes-en la table (si elle est en bois) lorsqu'il y a des invités.
Mystérieusement, cela les mettra en appétit !

Le Persil

La plante du diable

Le persil est une plante un peu distraite. Tu t'en rendras compte lorsque tu auras semé les graines : il met un temps infini avant de sortir. La raison en est simple : au lieu de monter vers la lumière du jour comme le fait n'importe quelle plante, le persil pousse dans la terre vers le bas et descend si profondément qu'il finit par arriver chez le diable lui-même ! Ce dernier, pas content du tout, le met immédiatement à la porte mais notre persil revient. Alors le diable se fâche, mais le persil s'obstine et frappe à sa porte encore et encore, sept fois en tout pour être persil, euh, pardon, précis ! Le diable est vraiment en

Le persil est l'« herbe des cuisiniers » tant il est indispensable en gastronomie !
On en utilise chez nous deux variétés : le frisé, très vert, pour la décoration et le plat
aux feuilles lisses, plus savoureux, pour la cuisine. On le choisit
brillant, aux tiges bien fermes. Tiges et feuilles
se consomment. Il mesure de 25 à 80 cm de hauteur.

colère et les choses vont mal se terminer pour notre entêté mais,

heureusement, un diablotin passe par là et tend le doigt, lui

montrant que c'est vers le haut qu'il faut pousser. Et toi, les bras

croisés, tu tapes du pied d'impatience quand, enfin, sort le persil, vert de peur.

Tu me croiras si tu veux, mais l'année prochaine, lorsque tu sèmeras à nouveau

des graines de persil, il mettra autant de temps qu'aujourd'hui parce qu'il aura tout oublié.

Cela fait des siècles que ça dure et ça risque de continuer encore longtemps !

La recette du beurre persillé de Gros Ogre
Tu le prépares comme le beurre de ciboulette mais tu ajouteras une échalote et une gousse d'ail dont tu auras ôté le germe,
épluchées et hachées finement. Sale, poivre et râpe une noix de muscade pour en obtenir un quart de cuillerée à café.
N'oublie pas d'ajouter une cuillerée à café (pas plus !) de jus de citron.
Te voici prêt à te régaler d'escargots, de cuisses de grenouilles, de viande grillée ou simplement de pâtes !
Le persil n'aime pas la chaleur. Dans un plat chaud, ajoute-le au dernier moment.

La Fée aux Doigts précieux conserve un bouquet de persil frais quelques jours dans un verre d'eau comme des fleurs.
Mais il peut se garder plus longtemps au froid. Il faut juste le laver, le sécher et l'envelopper dans un sachet perforé.
Et si tu veux toujours en avoir, tasse-le en petits bouts dans un bac à glaçons rempli d'eau et garde-le au congélateur.
Tu démouleras les glaçons nécessaires pour préparer un plat !

Un conseil de Sorcier rieur :
Oh ! Oh ! Oh ! N'hésite pas à en mettre beaucoup et à en consommer souvent.
Hi ! Hi ! Le persil est une des herbes les meilleures
et des plus riches pour la santé et ta croissance ! Hé ! Hé !

Le Pissenlit

L'heure magique

Souffle trois fois sur un pissenlit, compte le nombre de graines qui restent et tu obtiendras l'heure, mais attention ! Rien à voir avec l'heure de ta montre, il s'agit ici de l'Heure magique ! C'est ce qui est arrivé à Léa qui souffla, par un bel après-midi d'été, sur un pissenlit. Il restait vingt-trois graines, comme vingt-trois heures. Et elle se retrouva aussitôt dans l'obscurité à quelques dizaines de mètres d'une maison aux fenêtres éclairées, devant un bosquet d'arbres plongé dans la nuit. À côté de l'habitation, un réverbère dispensait une faible lumière jaune. Mais comme c'était l'Heure magique, il ne faisait nuit qu'à cet endroit et le ciel, lui, était d'un joli bleu sillonné de beaux nuages blancs moutonneux

On l'appelle aussi « dent de lion » car sa feuille dentée a la forme d'une mâchoire de fauve.
Et il a plein d'autres surnoms : « tête de moineau », « couronne de moine », « salade de taupe » ou
encore « florion d'or » ! C'est une plante curieuse, le pissenlit, il change tout le temps !
Sa fleur jaune soleil s'ouvre dès les premiers rayons et se referme lorsque la nuit tombe.
L'été, la fleur laisse la place à une boule duveteuse
sur laquelle tous les enfants ont soufflé un jour !

comme on en trouve en été ! Léa regarda sa montre ; les aiguilles tournaient à toute
vitesse, la grande aiguille dans un sens, la petite dans l'autre.
- C'est normal, dit un monsieur qu'elle n'avait pas entendu arriver. Ici les montres deviennent folles !
Le monsieur était vêtu d'une redingote noire et d'un chapeau melon qui lui donnait beaucoup d'élégance.
Il claqua des doigts, disparut et tout redevint normal. Le lendemain, les parents de Léa l'emmenèrent au
musée. Passant devant les tableaux, elle se figea devant une grande toile montrant une maison dans la nuit
aux fenêtres éclairées ; il y avait le réverbère, sa faible lumière et, derrière, les arbres plongés
dans le noir avec, au-dessus, le ciel de jour et les nuages. À côté du tableau étaient affichés
le nom et la photo du peintre. C'était René Magritte, un grand artiste belge du XXᵉ siècle.
Il était habillé en redingote et chapeau melon et tenait dans sa main… un pissenlit.

La salade de pissenlit de Sorcier rieur
Le pissenlit se prépare en salade avant que les fleurs n'apparaissent.
• Coupes-en deux poignées par personne dans un champ en dehors de toute source de pollution.
Lave bien les feuilles et les boutons plusieurs fois puis sèche le tout au panier à salade.
• Prépare une vinaigrette dans un saladier : verse deux cuillerées à soupe de vinaigre rouge, sale,
poivre et ajoute, tout en remuant, quatre cuillerées à soupe d'huile d'arachide. Hééé hop !
• Ajoute les pissenlits un peu avant de servir et mélange bien pour les attendrir, car les feuilles sont un peu rudes…
Un peu dures, pardon ! Je mélange mes lettres aujourd'hui ! Hi ! Hi !
• Demande à ta maman de faire cuire un œuf mollet par personne et de faire griller des lardons et des croûtons
que tu frotteras avec une gousse d'ail. Le tout mélangé à la salade, ce sera encore meilleur ! Hi ! Hi ! Hi !

Le Romarin

Les miroirs du ciel

« C'est vrai qu'elles sont d'un bleu magnifique ! » pensait Paul qui se promenait dans la garrigue en pleine floraison. Il marchait au milieu des massifs parfumés qui enveloppaient de bleu le paysage. Plus il progressait, plus le sol et le ciel se confondaient, jusqu'au moment où toute limite disparut et que le garçon se retrouva pris entre le ciel d'en bas et le ciel d'en haut. Ses pas devinrent légers, ses pieds ne touchaient plus le sol. Il flottait ! Il avança

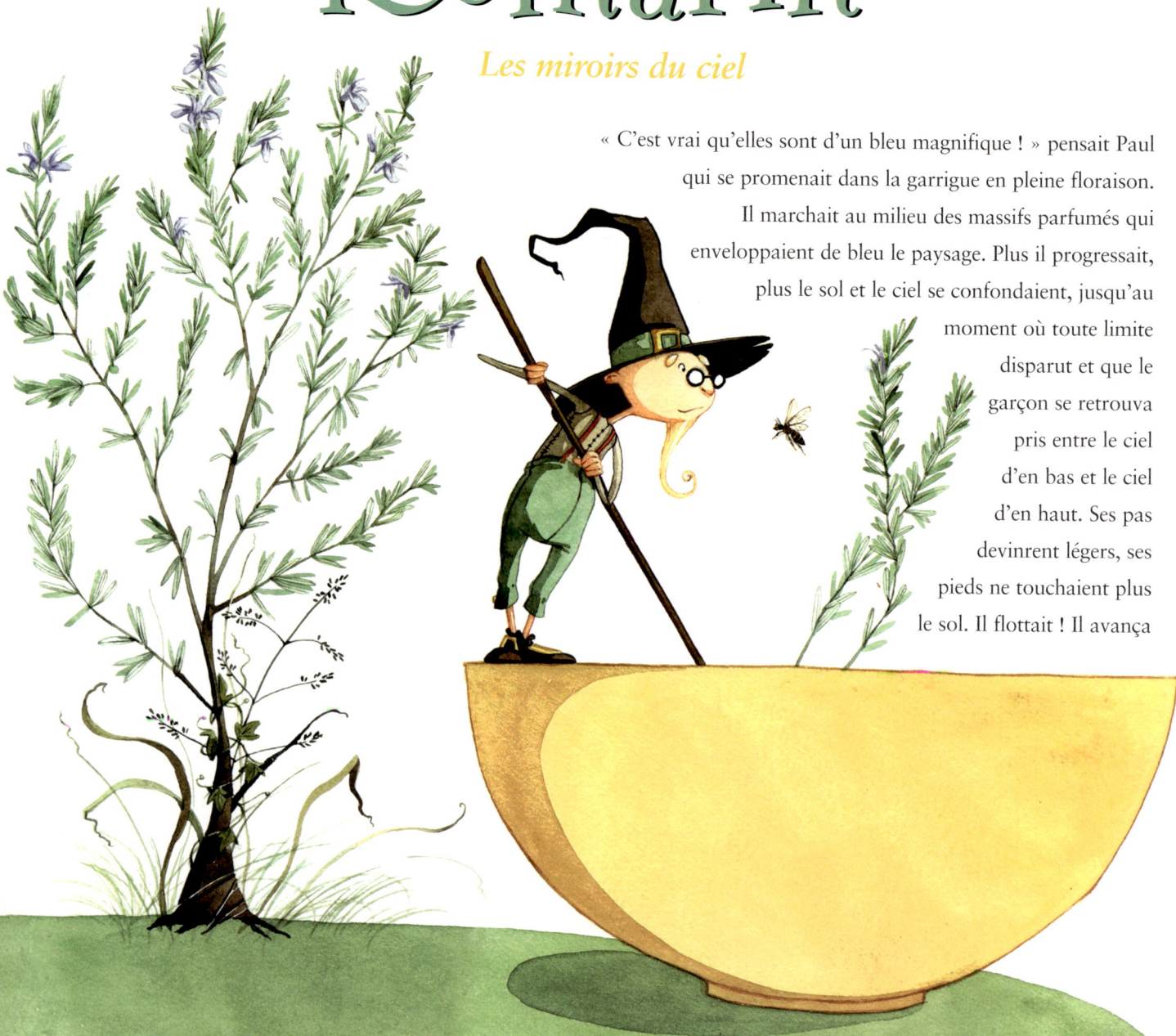

On dirait des « aiguilles de fée » mais ce sont des feuilles qui durent toute l'année, vert foncé sur le dessus et blanchâtre dessous. Le romarin est un faux piquant parfaitement inoffensif. De ses fleurs, les abeilles tirent un miel délicieux.

ainsi avec la sensation agréable de voler, lorsqu'une silhouette apparut.

C'était un garçon de son âge, de même taille et habillé comme lui. C'était lui ! Son jumeau ! Son double !

- Qui es-tu ? demanda Paul.

- Je m'appelle Paul, comme toi. Je suis le reflet que tu aperçois chaque fois que tu te regardes dans un miroir. Partout où tu vas, j'y vais et quoi que que tu fasses, je le fais aussi. Quand tu fais quelque chose de bien je suis heureux mais si tu commets une bêtise, je suis très triste.

- Je ne te crois pas, tu n'es qu'un rêve, j'ai dû m'endormir ! rétorqua Paul.

- Comme tu veux ! répondit son double en s'éloignant.

Paul fit demi-tour et retrouva facilement son chemin. Rentré chez lui, devant un grand miroir, il sourit, tira la langue, fit des grimaces, passa ses mains sur son visage et dans ses cheveux. Tout était normal, le Paul dans la glace reproduisait exactement les gestes et mimiques qu'il exécutait. Sans doute avait-il dû rêver, là-bas au milieu du romarin. Rassuré, il quitta la pièce. Mais au moment d'éteindre la lumière, il lui sembla voir son reflet qui lui jetait quelque chose. C'étaient des fleurs de romarin, qui tombèrent lentement au pied du miroir.

Un truc de Gros Ogre
Tu utilises du romarin dans une sauce ? Enferme-le dans une boule à thé. Ainsi, lorsqu'il aura suffisamment infusé, tu n'auras plus qu'à le retirer pour le jeter sans avoir à le chercher longtemps dans la préparation.

L'infusion de Sorcier rieur
Hou ! Hou ! Hou ! C'est très simple : coupe 5 à 10 g de romarin, les sommités, et hop ! Rince-les à l'eau courante, fais bouillir de l'eau pour un bol par personne ! Hi ! Hi ! (un grand bol parce que c'est bon !) et, hors du feu, laisse infuser le romarin 10 min. Filtre et sucre avec un peu, heu ! non ! beaucoup de miel (de romarin bien sûr !) ! Moi j'adore ça ! Hé ! Hé ! Hé ! C'est bon pour le foie et les bronches ! Ah ! Ah !

Le Serpolet

L'herbe du grand passage

Mon grand-père que j'adorais venait de mourir en Ardèche dans sa fermette entourée de terres sauvages parsemées de serpolet. Je n'avais connu ma grand-mère qu'à travers une photo encadrée sur la cheminée. Alors que nous nous étions installés chez lui, avec mes parents, je découvris, dans le tiroir d'une commode, sa blague à tabac de cuir

*On appelle aussi le serpolet « le petit thym sauvage »
car il pousse tout seul sur des terres sèches et ressemble à son grand frère.
Son goût légèrement citronné apporte un parfum subtil
aux viandes blanches et au lapin.*

marron un peu usé qui avait contenu le mélange avec lequel il roulait ses cigarettes, ainsi qu'un morceau de carotte pour éviter qu'il ne sèche. Maintenant, elle était vide et j'étais très triste. Une nuit, une lueur me réveilla. Une petite fée aux ailes de libellule agitait une minuscule lanterne et me faisait signe de la suivre ! Curieusement, je me mis à voler comme elle et c'est ainsi que nous traversâmes un terrain couvert de serpolet qui, s'écartant devant nous, traça un sentier qui nous mena au bord d'une falaise. Le jour se levait et dans une large vallée émergeant de la brume j'aperçus deux silhouettes qui marchaient. C'était mon grand-père, accompagné de la dame de la photo, ma grand-mère ! Ils étaient beaucoup plus jeunes, plus gais, plus beaux… Lui portait sa veste de velours qu'il ne quittait jamais et à laquelle manquait un bouton. Je voulus les rejoindre, mais un vent léger m'emporta au loin et je me retrouvai, je ne sais comment, assis sur mon lit, la blague de cuir à côté de moi. À l'intérieur se trouvaient un bouton, un brin de serpolet et la lanterne de la fée qui, elle, avait bien sûr disparu ! Je me précipitai dehors, mais le serpolet resta immobile et jamais le chemin qui menait à la vallée ne réapparut. En rentrant, pourtant, j'avais le sourire aux lèvres ; je savais que mes grands-parents étaient heureux pour toujours.

Les côtes d'agneau au serpolet de Gros Ogre
· Enduit d'huile d'olive deux côtes d'agneau par personne.
· Prépare deux cuillerées à soupe de serpolet frais ciselé et parsème-les sur les deux faces de chaque côte.
· Pose-les sur une assiette et recouvre d'un film. Laisse-les s'imprégner de l'arôme de serpolet durant 2 h, puis sale et poivre.
· Tu demanderas à un grand de glisser les côtes d'agneau au four préchauffé à 210° (th.7)
· Elles cuiront en 15 min.. Il faut servir très chaud.

Sorcier Rieur et sa recette de l'infusion de serpolet
Ton grand-père tousse et ça fait du bruit ? Hi ! Hi ! Hi ! Demande à un adulte de faire bouillir de l'eau pour un bol ! Ho ! Ho !
Ajoute une cuillerée à soupe de serpolet (plus ou moins selon son goût), sucre et laisse infuser 5 à 6 min. Et hop ! Il faut qu'il en boive toutes les trois heures. Ha ! Ha ! Il va guérir très vite, agréablement et se régaler : c'est délicieux ! Hé ! Hé ! Hé !

Le Thym

Dans un pays froid du Nord où les neiges effacent toute couleur et gomment les paysages vivait une fée très belle aux longs cheveux bruns et aux yeux roses réputés pour leurs pouvoirs. On venait de très loin dans l'espoir de croiser son regard et de sentir le parfum étrange qui flottait toujours autour d'elle. Même les animaux de la forêt semblaient plus nombreux près de sa maisonnette. Elle prodiguait autant de bien et de réconfort que ses forces le lui permettaient et tout le monde s'en retournait de chez elle apaisé. Un jour, notre fée, décidant de partir pour d'autres contrées, ouvrit un grimoire plein de magnifiques paysages dessinés avec une grande habileté.

Les elfes de Provence l'appellent « barigoule » ou « farigoule », joli, non ?
On l'appelle également l'« herbe des lapins » : les lapins nourris de thym sont
encore meilleurs ! Les feuilles du thym sont petites, pointues et grisâtres.

L'un d'eux l'attira particulièrement. Ses yeux magnifiques se posèrent doucement sur l'image. Elle fut aussitôt happée par le livre et se retrouva au beau milieu d'une garrigue, une terre sauvage si tu préfères, sur une colline dominant des paysages multicolores d'où s'élevaient les chants des premières cigales.

Notre fée découvrait la Provence ! Elle fut tant émue que des larmes roses glissèrent sur sa joue et vinrent éclater au sol. Une petite plante vert tendre poussa à l'endroit même où s'était écrasée chaque larme. Puis des milliers de petites fleurs apparurent, aux couleurs des yeux de la fée. C'est ainsi qu'est né le thym. Depuis, on ne cesse de le cueillir dans les champs et les jardins. La fée revient parfois et, si tu sens une odeur agréable et légère lors d'une promenade dans la garrigue, c'est qu'elle n'est pas loin. Peut-être auras-tu la chance de l'apercevoir ?

Les bourses de thym de la Fée aux Doigts précieux
Des bourses de thym parfumeront agréablement une armoire à linge.
· Munis-toi de tissu de coton fin, de fil de couleur, d'une aiguille, de ciseaux, d'une soucoupe et de brins de thym.
· Prends la soucoupe, pose-la à l'envers sur le tissu et découpe-le autour pour obtenir un rond.
· Passe l'aiguille avec du fil de couleur à 5 mm du bord de ce cercle tous les 2 cm. Tire doucement les fils, le cercle prend la forme d'une petite bourse. remplis-la de thym, resserre et ferme en enroulant les fils plusieurs fois autour du sommet. Tu peux prendre plein de tissus et de fils de couleurs différentes.

Gros Ogre fait sécher du thym, le réduit en poudre et le mélange avec le sel de table. Tu l'utiliseras pour saler des côtes de porc ou du poisson blanc qui seront ainsi subtilement parfumés.
La Fée aux Doigts précieux plante du thym près des choux de son jardin pour éloigner insectes et parasites !

INDEX